小
こり

HOKKORI KONABE

鍋

重信初江

池田書店

はじめに

冬の寒い時期にうれしい食べもの。それはあたたかい鍋もの。

ひと口食べればじんわり身体の芯からあたたまって、気持ちもほぐれてほっこり。鍋って、料理の中で一番シンプル。“ゆでて、食べる”という単純な工程なのに、いろいろな種類の鍋料理があって、世界中で食べられています。でも、自分でつくるとなぜかワンパターンになりがち……。だからこそ飽きないように市販の鍋の素やたれもたくさんありますよね。

でも一人だと、鍋の素やたれって多いし、余っちゃう……。

この本では、私が昔からつくってきた鍋や子どもの頃から食べてきた鍋、仕事から帰ってきてからでもすぐできる鍋、ちょっと時間に余裕がある休日に友人を呼んでチャレンジしたい鍋など、さまざまなシーンで活躍する鍋料理を集めてみました。私が大食いだから、ちょっと多めの1人分が中心です。

この本を読めば、家にある調味料で簡単においしい鍋ができるんです！

いろいろつくって、冬だけじゃなく1年中鍋を楽しんでくださいね。

重信初江

目次

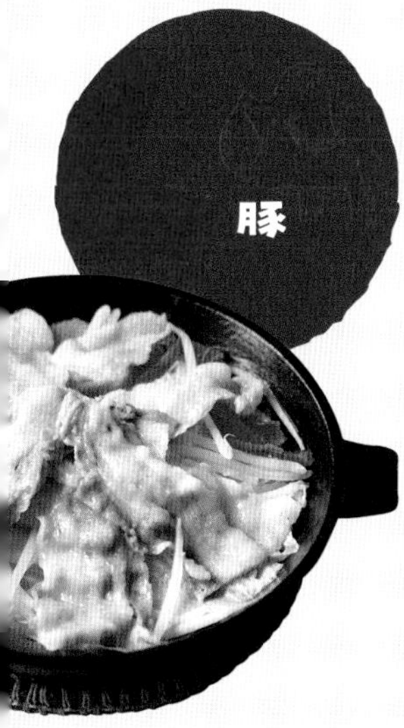

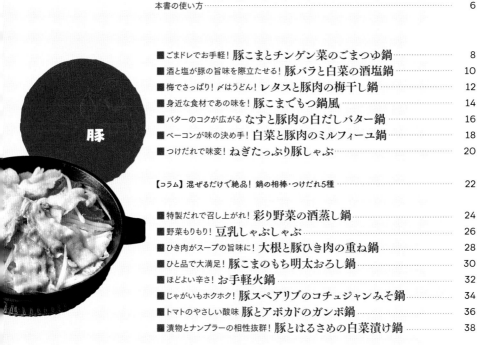

鶏

牛

魚介

豆腐

その他

ほっこり小鍋

HOKKORI KONABE

本書のレシピは、
記載がないものについては
すべて多めの1人分です

通常のレシピページでは、
メインの食材別にアイコンをつけて
表示しています。

豚　鶏　牛（合いびき肉含む）

魚介　豆腐　その他（加工品）

めんつゆは
3倍濃縮タイプを
原液のまま、
コンソメは
顆粒タイプを
使用しています。

□10分で完成……材料を揃えてから10分で完成するもの。

□ほったらかし……長めに火にかけ、ほったらかせる時間があるもの。

□包丁いらず……包丁を使わずにつくれるもの。

□具材2つで……具材が2つだけでつくれるもの。

□がっつり……具材が3つ以上、または食べごたえがあるもの。

□野菜たっぷり……野菜が多く摂れる、または野菜ときのこが3種類以上入っているもの。

通常のレシピページでは、
その料理の特徴に
チェックをつけて
表示しています。

本書の使い方

本書では、うどん、ご飯、
中華麺（インスタント麺）で〆るなら……と、
いくつかのメニューについて
オススメの〆を紹介していますが、
決してそれだけが正解ではありません。
ほかのメニューについても同様に、
パスタやそうめん、そば、ちゃんぽん麺など、
お好みの組み合わせや
あなただけのアレンジを楽しんでください。

レシピに
記述がない場合、
火加減は基本的に
中火です。

本書では、
600Wの電子レンジを
使用しています。

材料と作り方のほかにも、
さまざまなお役立ち情報を
紹介しています。

お鍋の時間
はじまるよ〜

豚

- [x] 10分で完成
- [ ] ほったらかし
- [ ] 包丁いらず
- [x] 具材2つで
- [ ] がっつり
- [ ] 野菜たっぷり

ごまドレでお手軽！

豚こまとチンゲン菜のごまつゆ鍋

	チンゲン菜	1株
Ⓐ	水	2カップ
	ごまドレッシング	大さじ4
	めんつゆ	大さじ1
	豚こま切れ肉	120g

1. チンゲン菜は葉と茎に分け、茎は根元から放射状に切る。
2. 鍋にⒶを混ぜ入れ、火にかけて煮立ったら1の茎と豚肉を加え2分ほど煮る。
3. 2に1の葉を加え、さっと煮ていただく。

オススメの〆はうどん。残った汁にうどん1玉を入れて、袋の表示通りに煮る。お好みで豆板醤を加えてもおいしい。

POINT

市販のごまドレッシングとめんつゆが、鍋のつゆに大変身！具材も2つとシンプルなので、仕事で遅くなった日にもさっとつくれます。

□ 包丁いらず

☑ 具材2つで

□ がっつり

□ 野菜たっぷり

酒と塩が豚の旨味を際立たせる！

豚バラと白菜の酒塩鍋

豚バラ薄切り肉	120g
白菜	200g
A 酒、水	各¼カップ
塩	小さじ⅓

1. 豚肉は食べやすい大きさに切り、白菜は削ぎ切りにする。
2. 鍋に１を交互に重ね入れて混ぜ合わせた Ⓐを回しかけ、ふたをして火にかける。
3. 煮立ったら弱火にして7〜8分煮る。

POINT

そのまま食べてもおいしいですが、お好みで、小口切りにした細ねぎや七味とうがらし、かんずりなどを添えても。

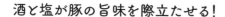

豚

- [x] 10分で完成
- [ ] ほったらかし
- [x] 包丁いらず
- [x] 具材2つで
- [ ] がっつり
- [ ] 野菜たっぷり

梅でさっぱり！〆はうどん！

レタスと豚肉の梅干し鍋

レタス	3〜4枚
Ⓐ だし汁	2カップ
Ⓐ みりん	大さじ1
Ⓐ しょうゆ	小さじ1
Ⓐ 塩	小さじ1/4
梅干し（塩分15〜17%）	1個
豚しゃぶしゃぶ用肉（ロース）	100g

1 レタスは大きめにちぎっておく。

2 鍋にⒶと大きくちぎった梅干しを入れ、火にかける。煮立ったら、1と豚肉を適量加え、火を通しながらいただく。

梅干しの塩味も味のポイント。減塩タイプを使う場合は、塩少々を足すと○

オススメの〆はうどん。鍋に残った汁の味と量をみて、水やめんつゆなどで薄味になるよう調整し、うどん1玉を入れて袋の表示通りに煮る。器に盛り、とろろ昆布を適量かける。とろろ昆布の旨味が加わるため、汁は薄味にするのがポイント。

POINT

梅干しの酸味が
疲れた身体に沁みわたります。
梅干しや豚肉には
疲労回復効果があるので、
忙しい日にオススメです。

豚

☑ 10分で完成

☐ ほったらかし

☐ 包丁いらず

☐ 具材2つで

☑ がっつり

☐ 野菜たっぷり

身近な食材であの味を!

豚こまでもつ鍋風

にんにく		1片
Ⓐ	水	2カップ
	めんつゆ	大さじ2と½
	赤とうがらし(乾燥／輪切り)	少々
豚こま切れ肉		120g
キャベツ		100g
にら		2〜3本(20g)

1 鍋に薄切りにしたにんにく、Ⓐを入れ、火にかける。

2 煮立ったら豚肉を入れてほぐし、ざく切りにしたキャベツを加え、火が通るまで弱火で2分ほど煮る。

3 仕上げに、2㎝の長さに切ったにらを加える。

本物のもつ鍋をつくるなら…

本物のもつ鍋をつくりたいときは、豚こまの代わりに牛白もつ(小腸)150gを使いましょう。スーパーなどではなかなか手に入りにくい牛白もつですが、ネットなどで冷凍品を取り寄せれば、家でも手軽に本格的なもつ鍋が味わえます。

- [x] 10分で完成
- [ ] ほったらかし
- [ ] 包丁いらず
- [x] 具材2つで
- [ ] がっつり
- [ ] 野菜たっぷり

バターのコクが広がる

なすと豚肉の白だしバター鍋

なす	2本
Ⓐ 水	2カップ
Ⓐ 白だし	大さじ3
豚こま切れ肉	120g
バター	10g

1 なすはヘタを切り落として縦に5㎜程度の薄切りにし、使う直前まで水にさらしておく。
2 鍋にⒶを入れて火にかけ、煮立ったら豚肉を加えてほぐしながら2分ほど煮る。
3 2に水気をきった1を入れ、さらに2分ほど煮る。なすがやわらかくなったら、仕上げにバターをのせる。

POINT

仕上げにのせたバターの香りが食欲をそそります。
食べる前から幸せな気分になれる一品です。

- ☐ 10分で完成
- ☑ ほったらかし
- ☐ 包丁いらず
- ☐ 具材2つで
- ☑ がっつり
- ☑ 野菜たっぷり

ベーコンが味の決め手！

白菜と豚肉のミルフィーユ鍋

ベーコン	2枚
豚こま切れ肉	120g
白菜（小）	1/8個（約300g）
Ⓐ 水	1カップ
しょうゆ	大さじ1/2
コンソメ	小さじ1/2
塩	小さじ1/4
こしょう	少々

1 ベーコンは2㎝幅に切り、豚肉は長ければ食べやすい大きさに切っておく。
2 芯がついたままの状態の白菜の葉の間に、①をバランスよく挟んでいく。
3 鍋に②を入れてⒶを加えたら火にかけ、煮立ったらふたをして10分ほど煮る。

POINT

具材の旨味がしみ出したスープが冷えた身体をあたためてくれる、寒い日にぴったりの一品です。

- [x] 10分で完成
- [ ] ほったらかし
- [ ] 包丁いらず
- [x] 具材2つで
- [ ] がっつり
- [ ] 野菜たっぷり

つけだれで味変!

ねぎたっぷり豚しゃぶ

長ねぎ	1本
Ⓐ 水	2カップ
酒	大さじ2
豚ロース薄切り肉	120g
ピリ辛ごまだれ(つくり方はP22)	適量

1 長ねぎはごく薄い斜め切りにし、水につけておく。

2 鍋にⒶを入れて煮立て、よく水気をきった1を適量加える。しゃぶしゃぶした豚肉で巻くようにして、つけだれでいただく。

長ねぎの食感も味わいの一部。一度に鍋に入れるとクタクタになるので、適量を入れながら、シャキシャキした食感を楽しんで。

長ねぎの薄切りが面倒な人は…

長ねぎを薄〜く、細〜く切るのがとにかく面倒……。そんなときに便利なのが、長ねぎの薄切りが簡単につくれるピーラー(左)や白髪ねぎ用のカッター(右)です。こんな道具が家にあれば、くたくたな日の料理がもっと楽しくなるかも!?

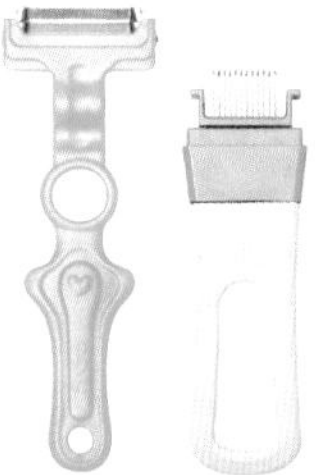

POINT

ピリ辛ごまだれ以外にも
P22-23で紹介しているたれは
すべて合うので、
いろいろな組み合わせを
楽しんでください。

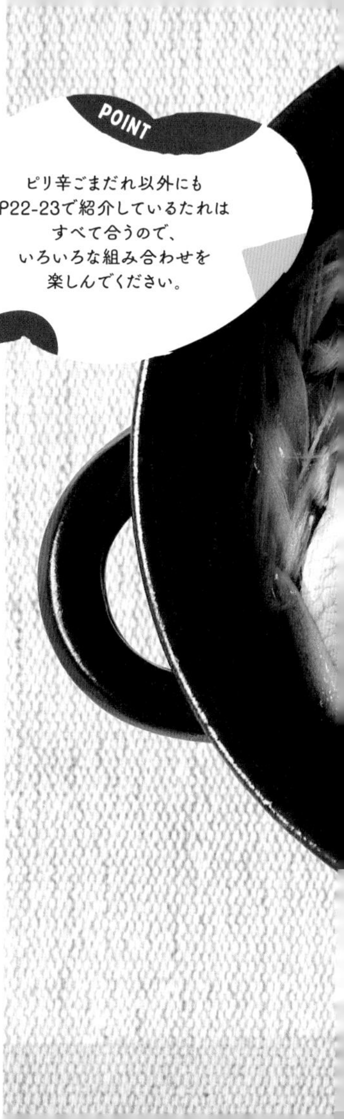

混ぜるだけで絶品！

鍋の相棒・つけだれ5種

鍋に欠かせないアイテムのひとつが、つけだれです。
混ぜるだけで簡単につくれる絶品だれを5種類紹介します。

＼濃厚／

ピリ辛ごまだれ

牛、豚、鶏に！

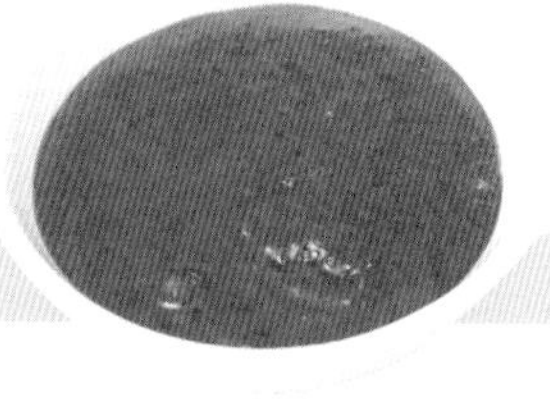

豆板醤 ―― 小さじ⅓
しょうゆ ―― 大さじ2
白練りごま ―― 大さじ1
おろしにんにく ―― 小さじ⅓

1 すべての材料を器に入れて混ぜ合わせる。

＼ピリッと隠し味／

粒マスタード梅じょうゆだれ

牛、豚、鶏、魚介に！

梅干し ―― 1個
粒マスタード ―― 小さじ1
しょうゆ ―― 大さじ1

1 梅干しは、種を除いて包丁でたたいておく。
2 1と粒マスタード、しょうゆを器に入れて混ぜ合わせる。

＼さわやか／

特製マヨポン酢だれ

牛、豚、鶏、魚介に！

ポン酢	大さじ2
マヨネーズ	大さじ1
ゆずこしょう	小さじ½

1 すべての材料を器に入れて混ぜ合わせる。

＼ごま油香る／

おろししょうが塩だれ

豚、鶏、魚介に！

おろししょうが	大さじ3
ごま油	大さじ1と½
塩	小さじ⅓

1 すべての材料を器に入れて混ぜ合わせる。

＼さっぱり！／

すだちのたれ

牛、豚、鶏、魚介に！

すだち	1個
塩	小さじ⅓
黒こしょう	少々

1 すだちは横半分に切っておく。
2 食べる直前に、1をしぼって塩、こしょうを混ぜ合わせる。

豚

- ☐ 10分で完成
- ☐ ほったらかし
- ☐ 包丁いらず
- ☐ 具材2つで
- ☑ がっつり
- ☑ 野菜たっぷり

POINT

山型に重ねた豚肉と
たっぷりの野菜でボリューム満点！
あっさりした味なので、
箸がどんどん進みます。

特製だれで召し上がれ！

彩り野菜の酒蒸し鍋

キャベツ	200g
赤パプリカ	1/4個
豚バラ薄切り肉	120g
Ⓐ 酒	大さじ1
Ⓐ 塩	小さじ1/3
もやし	100g
酒	大さじ3
特製マヨポン酢だれ（つくり方はP23）	適量

1 キャベツはざく切り、パプリカは薄切りにする。豚肉は5〜6㎝の長さに切り、Ⓐをもみ込む。

2 鍋に1の野菜ともやし、豚肉の順に具材を半量ずつ2回重ね入れ、酒を上から注ぐ。

3 鍋にふたをして強めの中火で2分、弱火でさらに5〜6分蒸す。たれにつけていただく。

鍋にこんもりとした山をつくるように、具材を重ねていく。鍋にふたがない場合は、アルミホイルなどで覆うとよい。

豚

☑ 10分で完成
☐ ほったらかし
☑ 包丁いらず
☐ 具材2つで
☐ がっつり
☑ 野菜たっぷり

野菜もりもり！

豆乳しゃぶしゃぶ

大根 ―― 100g
にんじん ―― 30g
Ⓐ 豆乳（成分無調整） ―― 2カップ
　白だし ―― 大さじ4
豚しゃぶしゃぶ用肉（ロース） ―― 100g

1 大根とにんじんは皮をむき、ピーラーでリボン状にする。
2 鍋にⒶを合わせ入れ、火にかける。煮立ったら1と豚肉を適量加え、火を通しながらいただく。

オススメの〆はうどん。残った汁にうどん1玉を入れて、袋の表示通りに煮る。お好みで、豆板醤やラー油をかけても。

POINT
少し多いかな……
というぐらい野菜を用意しても
ペロリと食べられます。
大きめにちぎったレタスを
加えても◎

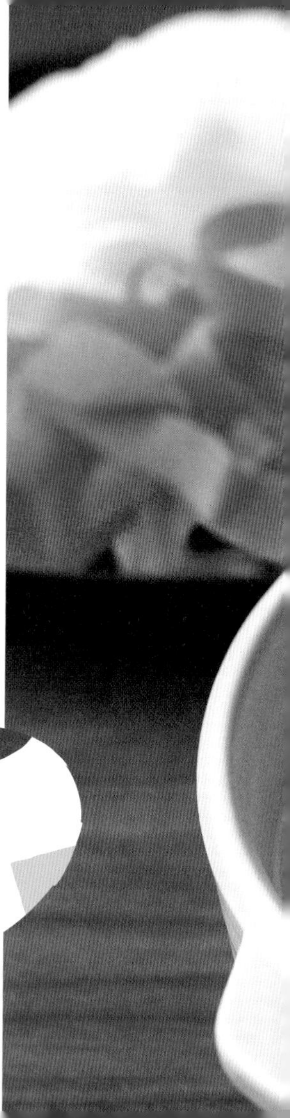

豚

☐ 10分で完成

☑ ほったらかし

☐ 包丁いらず

☑ 具材2つで

☑ がっつり

☐ 野菜たっぷり

ひき肉がスープの旨味に！

大根と豚ひき肉の重ね鍋

豚ひき肉		200g
Ⓐ	オイスターソース、酒	各大さじ1
	しょうゆ	大さじ½
	片栗粉	小さじ1
大根		150g
水		¾カップ

1 豚ひき肉にⒶを加えて練り混ぜ、下味をつける。大根は皮をむいて2～3㎜幅程度の輪切りにする。

2 鍋に大根とひき肉を交互に重ね入れ、水を注いで火にかける。煮立ったらふたをして12～15分ほど煮る。

POINT

お好みで、仕上げに小口切りにした大根の茎や葉を散らしても！

鍋にひき肉を入れる際は、大根からはみ出ない程度の量を手に取り、押しつけるように重ねていくとよい。

豚

☐ 10分で完成
☐ ほったらかし
☐ 包丁いらず
☐ 具材2つで
✔ がっつり
✔ 野菜たっぷり

ひと品で大満足!

豚こまのもち明太おろし鍋

大根	200g
明太子	20g
小松菜	80g
しめじ	50g
切りもち	1個
Ⓐ 水	2カップ
Ⓐ めんつゆ	大さじ2と1/2
豚こま切れ肉	120g

1 皮をむいてすりおろし、ザルにあげた大根と、5㎜幅に切った明太子をさっと混ぜ合わせておく。

2 小松菜は3㎝の長さに切り、しめじは小房に分ける。もちはトースターなどで焼き目がつくまで焼く。

3 鍋にⒶを入れて煮立て、豚肉としめじを加え、火が通るまで2〜3分煮る。

4 3に小松菜を入れてさらに1分煮る。仕上げにもちを入れ、1をのせる。

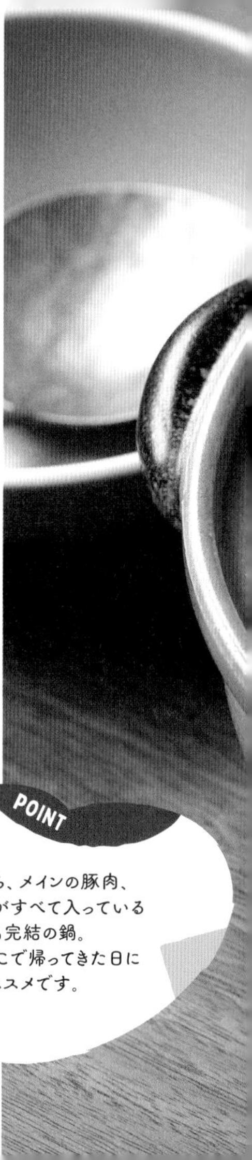

POINT

主食のもち、メインの豚肉、
そして野菜がすべて入っている
一品完結の鍋。
お腹ぺこぺこで帰ってきた日に
オススメです。

豚

- [x] 10分で完成
- [ ] ほったらかし
- [ ] 包丁いらず
- [ ] 具材2つで
- [x] がっつり
- [x] 野菜たっぷり

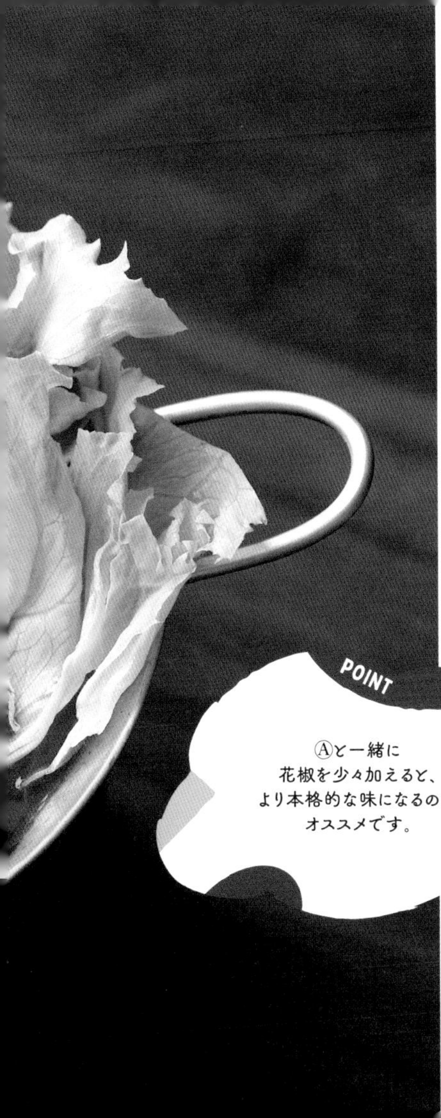

POINT

Ⓐと一緒に
花椒を少々加えると、
より本格的な味になるので
オススメです。

ほどよい辛さ!

お手軽火鍋

レタス	3〜4枚
えのきたけ	100g
Ⓐ 水	2と½カップ
具入りラー油、しょうゆ	各大さじ2
砂糖、おろしにんにく	各大さじ½
豆板醤	小さじ1
豚肩ロース薄切り肉	120g
もやし	100g

1 レタスは大きめにちぎり、えのきたけは根元を切り落としてほぐしておく。

2 鍋にⒶを入れて煮立て、豚肉を入れて2分、もやしと1を適量加えて火が通るまでさらに1〜2分煮る。

今回は豚肩ロースを使いましたが、豚肉の部位はお好みでOK。野菜も、白菜や長ねぎなどそのとき家にあるもので○

オススメの〆はラーメン。残った汁にインスタント麺1袋を入れ、袋の表示通りに煮る。お好みで、ざく切りにした香菜をのせていただく。

豚

- [ ] 10分で完成
- [x] ほったらかし
- [ ] 包丁いらず
- [ ] 具材2つで
- [x] がっつり
- [x] 野菜たっぷり

じゃがいもホクホク!

豚スペアリブのコチュジャンみそ鍋

POINT

少し手間はかかりますが、
煮てほったらかしておける時間は
タイマーに任せておけば、
自由な時間を楽しめます。
早く帰宅できる日につくって、
あつあつを楽しんでください。

豚スペアリブ		4本(250g)
にんにく		3片
Ⓐ	水	3カップ
	酒	大さじ2
	コチュジャン、みそ	各大さじ1
じゃがいも		大1個(200g)
豆もやし		100g

1 下ゆで用の鍋にたっぷりの湯を沸かし、スペアリブを入れてアクが出るまで1分程度ゆでる。水洗いして水気をおさえる。

2 鍋に1、半分に切ったにんにく、Ⓐを入れて火にかける。煮立ったらアクを取り、15分煮る。

3 皮をむいて4等分に切ったじゃがいもを加え、さらに10分煮る。最後に豆もやしを入れ、2分ほど煮る。

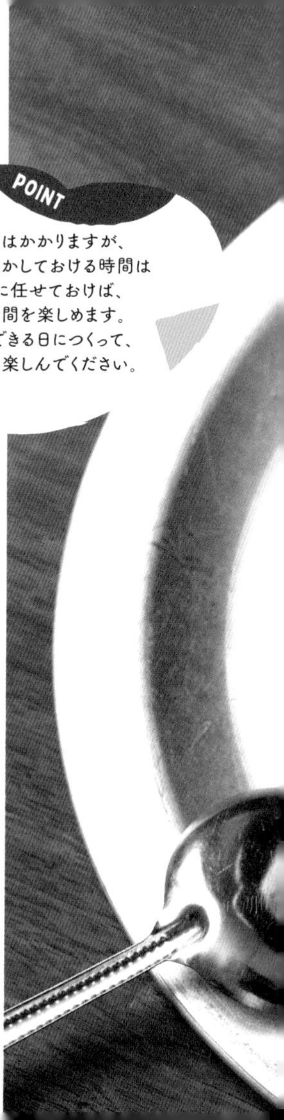

豚

- [ ] 10分で完成
- [x] ほったらかし
- [ ] 包丁いらず
- [ ] 具材2つで
- [x] がっつり
- [x] 野菜たっぷり

トマトのやさしい酸味

豚とアボカドのガンボ鍋

オクラ	1パック(7～8本)
玉ねぎ	½個
アボカド	½個
オリーブ油	大さじ½
豚シチュー用角切り肉	150g
カットトマト缶	½缶(200g)
Ⓐ 水	1カップ
Ⓐ おろしにんにく、チリペッパー、塩、コンソメ	各小さじ⅓
Ⓐ こしょう	少々
ミックスビーンズ	50g

1 オクラは1.5cmの長さに、玉ねぎは2cm角、アボカドは1.5cm角に切る。

2 鍋にオリーブ油を熱して豚肉と玉ねぎを入れ、2分ほど炒める。肉に焼き色がついてきたらカットトマトとⒶを加え、煮立ったらアクを取り、15分煮る。

3 ②にオクラとミックスビーンズを入れ、さらに10分煮る。最後にアボカドを加えてさっと煮る。

POINT

アメリカ南部の
郷土料理「ガンボ」を
鍋にアレンジしました。
パンだけでなく、
ご飯と合わせても○

豚

- [x] 10分で完成
- [ ] ほったらかし
- [ ] 包丁いらず
- [ ] 具材2つで
- [x] がっつり
- [ ] 野菜たっぷり

漬物とナンプラーの相性抜群！

豚とはるさめの白菜漬け鍋

豚バラ薄切り肉	120g
白菜漬け	200g
はるさめ	30g
ごま油	小さじ1
にんにく	1片
Ⓐ ナンプラー	小さじ1
Ⓐ 水	2カップ
粗びき黒こしょう	少々

1 豚肉は食べやすい大きさに切り、白菜漬けは5㎜幅くらいに刻む。

2 はるさめは熱湯につけて戻し、ざく切りにする。

3 鍋にごま油を熱して薄切りにしたにんにくを軽く炒め、Ⓐを加えて煮立てる。

4 3に1と2を入れ、火が通るまで3～4分煮る。最後に粗びき黒こしょうをふる。

白菜漬けは酸味が強い古漬けを使うほうが、風味が増すのでオススメ。

鶏

☐ 10分で完成

☑ ほったらかし

☐ 包丁いらず

☐ 具材2つで

☑ がっつり

☑ 野菜たっぷり

POINT

味つけは塩麹だけのシンプルな鍋です。
根菜の甘みなど、素材の味を
じっくりと味わってください。

素材の味が沁みわたる

鶏肉と根菜の塩麹鍋

鶏水炊き用ぶつ切り肉(骨つき)	400g
塩麹	大さじ1と1/2
エリンギ	大1本
にんじん	1/3本(50g)
大根	4cm(300g)
水	2と1/2カップ

1. 鶏肉は水洗いして水気をおさえ、塩麹をもみ込み15分ほど置いておく。エリンギは半分の長さに切ってから縦に4等分に、にんじんと大根は皮をむいて太めの棒状に切る。
2. 鍋に水を入れて火にかけ、煮立ったらエリンギ以外の①を加える。再び煮立ったらアクを取り、弱火にして10〜12分煮る。
3. エリンギを加え、さらに5分煮る。

肉に塩麹をもみ込むことで、旨味が増し、肉が柔らかくなる。

☐ 10分で完成

☐ ほったらかし

☐ 包丁いらず

☐ 具材2つで

☑ がっつり

☐ 野菜たっぷり

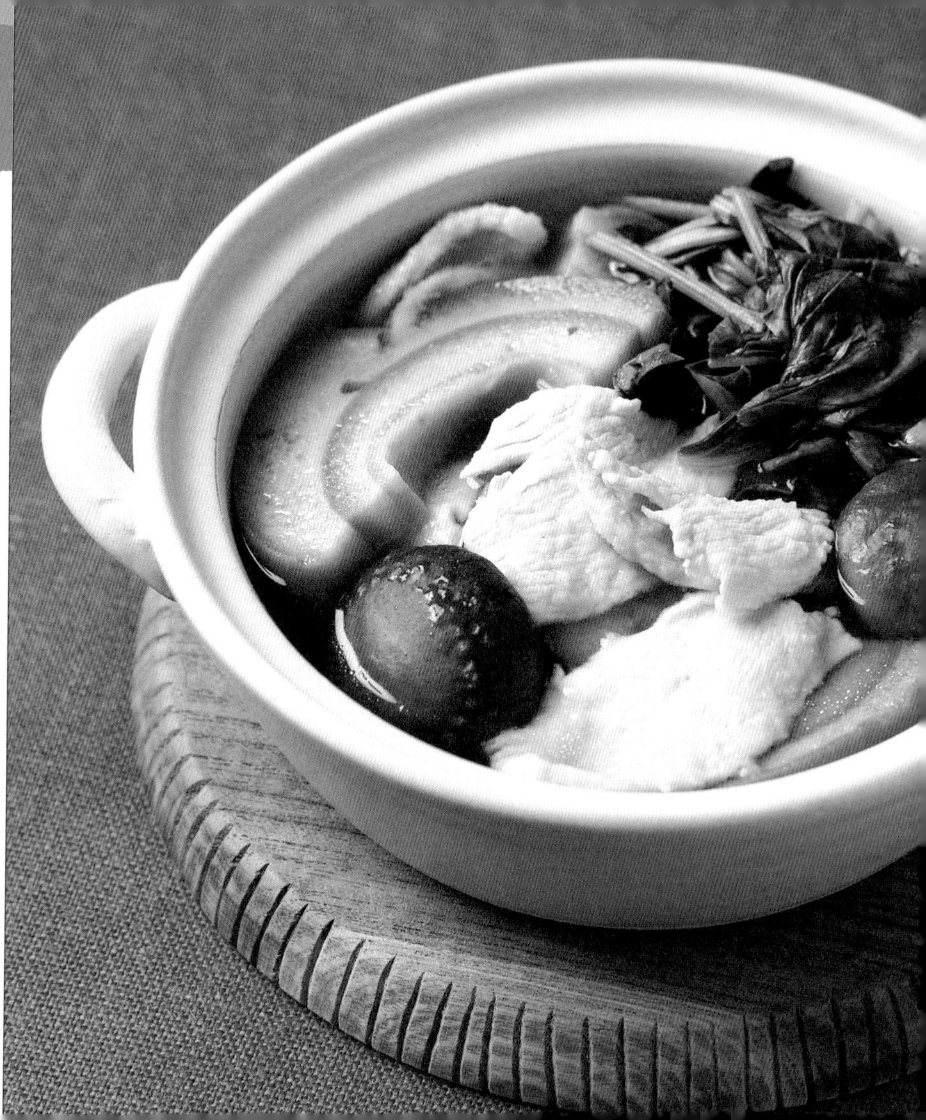

しみしみ車麸がポイント！

やわらか鶏むねの治部煮風鍋

車麸	2枚
しいたけ	2枚
鶏むね肉	½枚(120g)
Ⓐ めんつゆ	大さじ2と½
水	2カップ
小麦粉	大さじ1
ほうれん草	50g

1. 車麸は水で戻し半分に切る。しいたけは石づきを除く。
2. 鶏肉は薄く削ぎ切りにする。
3. 鍋にⒶを入れて火にかけ、沸騰したら小麦粉を薄くつけた2をくっつかないように1枚ずつ入れる。2分ほど煮たら1を加え、弱火でさらに2～3分煮る。
4. 最後に、4㎝の長さに切ったほうれん草を入れ、さっと煮る。

小麦粉を薄くつけてコーティングすることで、鶏むね肉がやわらかく仕上がる。

- [ ] 10分で完成
- [ ] ほったらかし
- [ ] 包丁いらず
- [ ] 具材2つで
- [x] がっつり
- [ ] 野菜たっぷり

POINT

冷蔵庫に入れっぱなしに
なっている使いかけの
カレールーはありませんか？
ルーによって味や辛さが変わるので、
お好みの銘柄で
つくってみてください。

油揚げで味が深まる！

鶏ももとトマトのカレー鍋

鶏もも肉	1/2枚(150g)
キャベツ	100g
プチトマト	6個
油揚げ	1枚
Ⓐ めんつゆ	大さじ1と1/2
水	2カップ
カレールー	30g

1 鶏肉は食べやすい大きさに切る。キャベツはひと口大にちぎり、プチトマトはヘタを取る。油揚げは食べやすい大きさの三角に切る。

2 鍋にⒶを入れて火にかけ、沸騰したら火を止めてカレールーを溶かし入れる。再び火にかけて混ぜ、煮立ったら鶏肉を入れ、弱火で3〜4分煮る。

3 残りの具材を加えてさらに2分ほど煮る。味をみて物足りない場合は、めんつゆ(分量外)で味を整える。

□ 10分で完成
□ ほったらかし
□ 包丁いらず
□ 具材2つで
☑ がっつり
□ 野菜たっぷり

スープの素で!

鶏団子のコーンクリーム鍋

鶏ひき肉		150g
Ⓐ	酒	大さじ1
	片栗粉	小さじ1
	塩	小さじ1/4
	こしょう	少々
じゃがいも		1個(150g)
水		1カップ
さやいんげん		3本
コーンスープの素		2袋
牛乳		1/2カップ

1 ボウルに鶏ひき肉とⒶを入れて練り混ぜる。

2 じゃがいもは皮をむき、ひと口大に切る。

3 鍋に水を入れて火にかける。沸騰したら[1]を小さめのひと口大に丸めて加え、隙間にじゃがいもを入れて時々上下を返しながら7〜8分煮る。

4 3cmの長さに切ったさやいんげんを加え1分煮て、コーンスープの素を入れて溶かす。溶けたら牛乳を加え、煮立つ手前で火を止める。

POINT

市販のコーンスープの素が
鍋に大変身!
食べごたえもあるので
食べ盛りのお子さんにも
ぴったりです。

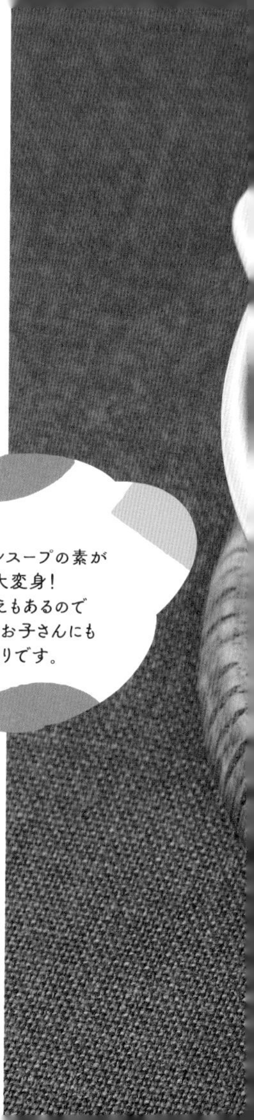

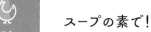

- [ ] 10分で完成
- [x] ほったらかし
- [ ] 包丁いらず
- [x] 具材2つで
- [ ] がっつり
- [ ] 野菜たっぷり

長ねぎがとろける！

鶏手羽元のポトフ風鍋

鶏手羽元 ―――― 4本
長ねぎ ―――― 1本
Ⓐ コンソメ、塩 ―――― 各小さじ$\frac{1}{3}$
　 水 ―――― 2カップ
粗びき黒こしょう ―――― 少々

1 手羽元は水洗いして水気をおさえる。長ねぎは4～5cmの長さに切る。

2 鍋にⒶと1を入れて火にかけ、煮立ったらアクを取り15分ほど煮る。仕上げに粗びき黒こしょうをふる。

POINT

できたては、長ねぎがあつあつ。
口の中をやけどしないように
気をつけていただきましょう。

- [ ] 10分で完成
- [x] ほったらかし
- [ ] 包丁いらず
- [ ] 具材2つで
- [x] がっつり
- [ ] 野菜たっぷり

レモンがさわやか!

鶏肉とキャベツのナンプラー鍋

鶏もも肉	½枚（150g）
玉ねぎ	½個
Ⓐ ナンプラー	大さじ1
砂糖	大さじ½
おろしにんにく	小さじ½
水	2カップ
キャベツ	100g
レモンの輪切り	3枚

1. 鶏肉は食べやすい大きさに、玉ねぎは繊維を断つように5㎜の厚さに切る。
2. 鍋にⒶを入れて火にかける。煮立ったら1を加え、再び沸騰したらアクを取り、弱火で15分煮る。
3. ざく切りにしたキャベツ、レモンを加え、さらに1分ほど煮る。

レモンを入れっぱなしにして
加熱すると苦味が出るので、
さっと煮たら取り出して。

教えて！ 重信さん家の定番鍋

いいけど〜

ここでは、家族と食べた思い出の味から
普段よくつくる鍋料理まで
わが家の定番鍋を4品ご紹介します。
どの鍋も自信をもってオススメできる自慢の一品です。
ぜひ試してみてください。

SHIGENOBU'S **MEMO**

常夜鍋もいろいろなレシピがありますが、重信家では昔からこの食べ方です。父がどこかの居酒屋さんで覚えてきた味だと記憶しています。冬の終わり頃に出始める新玉ねぎを使うと、甘みがあっておいしいです。

SHIGENOBU'S HOUSE

玉ねぎを包んでいただく!

重信家の常《じょう》夜《や》鍋《なべ》

玉ねぎ	¼個
レモン	½個
しょうゆ	適量
Ⓐ 酒	大さじ2
水	2カップ
豚しゃぶしゃぶ用肉(ロース)	100g
ほうれん草	100g

1 玉ねぎはみじん切りに、レモンは半分に切る。

2 取り皿に、玉ねぎ、しょうゆ、レモンのしぼり汁を適量入れて自分好みにブレンドしておく。

3 鍋にⒶを入れて火にかけ、沸騰したら豚肉と4〜5cmの長さに切ったほうれん草を適量加える。火が通ったら、2の玉ねぎをたっぷりと包んでいただく。

バターの香りが広がる

みそバタ白菜鍋

白菜 ―― 150g

Ⓐ みそ ―― 大さじ2
　みりん ―― 大さじ1
　水 ―― 1と½カップ

バター ―― 15g

豚しゃぶしゃぶ用肉（バラ） ―― 100g

1 白菜は繊維を断つように薄切りにする。

2 鍋にⒶを合わせ入れて火にかけ、煮立ったらバターを加える。

3 豚肉と[1]を適量入れて、火が通るまで煮る。お好みで、七味とうがらしを適量ふっていただく。

SHIGENOBU'S MEMO

昔、出版したムック本に載せていたメニューです。インフルエンサーの友人が紹介したことで、一気に流行りました。材料の分量は、あってないようなもの。肉も白菜もあっという間にものすごい量が食べられます。

SHIGENOBU'S HOUSE

教えて！
重信さん家の
いいけど〜
WELCOME TO

ホッとする味

簡単参《サム》鶏《ゲ》湯《タン》

2人分

米	¼カップ
鶏手羽元	6本
ごぼう	50g
長いも	150g
Ⓐ 酒	¼カップ
Ⓐ 塩	小さじ⅔
Ⓐ 水	3カップ
しょうが	1片
にんにく	3片
なつめ（乾燥／あれば）	4粒

1 米はさっと洗って水気をきっておく。手羽元は水洗いして水気をおさえる。

2 ごぼうは4〜5cmの長さに切り、縦に半分に割る。長いもは皮をむいて放射状に6等分に切る。

3 鍋にⒶ、1と2、薄切りにしたしょうが、半分に切ったにんにく、なつめを入れて火にかける。

4 煮立ったら弱火にし、米が鍋底にくっつかないように途中2〜3回ほど混ぜながら15分程度煮る。

SHIGENOBU'S MEMO

参鶏湯は本来、小さめの丸鶏にもち米を詰め、さらに高麗人参などを入れて煮込むハードルの高い料理ですが、極限まで簡単にしました。滋養食で消化もいいのでよくつくります。鶏肉は骨つきならなんでもOK。ごぼうの土の香りが高麗人参と似ています。

SHIGENOBU'S HOUSE

WELCOME TO

コク旨！

キムチ寄せ鍋

2人分

たら(切り身)	2切れ
絹豆腐	½丁(150g)
白菜	200g
しめじ	50g
春菊	50g
Ⓐ めんつゆ	大さじ2と½
水	2と½カップ
キムチの素	大さじ½

1 たら、豆腐、白菜はひと口大に切る。しめじは小房に分け、春菊は葉の部分だけを摘む。

2 鍋にⒶを入れて火にかけ、煮立ったら春菊以外の①を加えて3〜4分煮る。最後に春菊を入れる。

SHIGENOBU'S MEMO

高校生のときにアルバイトをしていた和食屋さんのランチメニューです。キムチの素は、隠し味程度に抑えるのがコツ。普通の寄せ鍋とはひと味違うクセになる鍋です。具材も選ばないので、冷蔵庫にある肉類を入れても。

牛

- [ ] 10分で完成
- [ ] ほったらかし
- [ ] 包丁いらず
- [ ] 具材２つで
- [x] がっつり
- [ ] 野菜たっぷり

ほろりとやわらかいトマトがおいしい、
すき焼きの新定番。
ぜひ〆まで楽しんでください。

甘さと酸味が絶妙！

トマトと長ねぎの牛すき焼き

サラダ油	大さじ½
長ねぎ	1本
牛こま切れ肉	120g
トマト	1個
Ⓐ めんつゆ	大さじ1と½
酒、水	各大さじ2

1 鍋にサラダ油を熱し、斜め薄切りにした長ねぎを焼き色がつくまで2分ほど焼く。隙間に牛肉を入れ、さらに1分ほど炒める。

2 1にくし形に切ったトマトとⒶを入れ、煮る。トマトが、皮にシワが寄るぐらいやわらかくなったら食べごろ。

オススメの〆は焼きうどん風。レンジでほぐれるまで加熱したうどん1玉を残った煮汁に入れ、弱火で汁気がほとんどなくなるまで混ぜながら煮る。

10分で完成

ほったらかし

包丁いらず

具材2つで

✔ がっつり

野菜たっぷり

シャキシャキねぎがアクセント!

牛肉とごぼうの バルサミコすき焼き

ごぼう	80g
細ねぎ	20g
オリーブ油	大さじ½
牛こま切れ肉	120g
Ⓐ 酒	大さじ2
バルサミコ酢、めんつゆ、水	各大さじ1

1 ごぼうは粗いささがきにして使う直前まで水にさらしておく。細ねぎは4〜5cmの長さに切る。

2 鍋にオリーブ油を熱して水気をきったごぼうを2分ほど炒め、牛肉を加えて焼き色がつくまで強めの中火でさらに2分ほど炒める。

3 2にⒶを加え、1〜2分煮る。最後に細ねぎを入れてさっと煮る。

スーパーなどで販売している"ささがきごぼう"を使えば、「10分で完成」させることができる。

バルサミコ酢の香りが
食欲をそそります。
少し多めにつくって
翌日のお弁当のおかずにしても○

POINT

牛

☑ 10分で完成
☐ ほったらかし
☑ 包丁いらず
☐ 具材2つで
☑ がっつり
☑ 野菜たっぷり

冷凍野菜でさっと！

芋煮風鍋

Ⓐ	めんつゆ	大さじ2
	水	2カップ
	冷凍和風野菜ミックス	150g
	牛こま切れ肉	120g
	わけぎ	1本

1 鍋にⒶを入れ、沸騰したら野菜ミックスを加える。再び煮立ったら弱火にして2分ほど煮る。

2 1に牛肉を入れ、アクを取りながら2〜3分煮る。キッチンばさみで小口切りにしたわけぎを加えていただく。

里いも、にんじん、れんこんなどが入った市販の冷凍野菜ミックスは、下ゆでまで済んでいるので、時間がないときに便利。

POINT

わけぎは、たっぷりと多めに加えるのがオススメです。

牛

- □ 10分で完成
- ☑ ほったらかし
- □ 包丁いらず
- □ 具材2つで
- ☑ がっつり
- ☑ 野菜たっぷり

トマト缶を使って

ひき肉とキャベツの重ね鍋

キャベツ ―― 200g
玉ねぎ ―― ¼個
合いびき肉 ―― 150g
Ⓐ 酒 ―― 大さじ1
　塩 ―― 小さじ¼
　こしょう、ナツメグ ―― 各少々
カットトマト缶 ―― ½缶（200g）
Ⓑ 水 ―― ½カップ
　塩 ―― 小さじ¼
　こしょう ―― 少々

1 キャベツは1枚を6等分するイメージで大きく切る。
2 玉ねぎは薄切りに。ひき肉とⒶは混ぜ合わせておく。
3 鍋に②と①を半量ずつ2回重ね入れ、最後にキャベツで覆う。上からカットトマト、Ⓑを加え、ふたをして火にかける。3分たったら弱火にし、さらに15分煮る。

具材を重ねる際は、キャベツを押しつけるようにしながら敷き詰めるのがポイント。

POINT
ナツメグはなくてもつくれますが、入れたほうがより風味が増すのでオススメです。

牛

- [x] 10分で完成
- [ ] ほったらかし
- [ ] 包丁いらず
- [x] 具材2つで
- [ ] がっつり
- [ ] 野菜たっぷり

ウスターソースが味の決め手！

白菜と牛肉のソース蒸し鍋

	白菜	200g
	牛こま切れ肉	120g
A	ウスターソース	大さじ2
	しょうゆ	大さじ½
B	酒、水	各大さじ2

1 白菜はざく切りに。牛肉はボウルに入れ、Ⓐをもみ込む。

2 鍋に、白菜、牛肉の順に具材を半量ずつ2回重ね入れてⒷを回しかける。ふたをして火にかけ、4～5分煮る。

POINT

蒸すことで
白菜から旨味が溶け出し、
奥行きのある味に。
かさも減るので、
白菜がたっぷり食べられます。

牛

- [x] 10分で完成
- [ ] ほったらかし
- [ ] 包丁いらず
- [ ] 具材2つで
- [x] がっつり
- [ ] 野菜たっぷり

ピリッとした刺激！

牛こまとわかめのみそ豆板醤しゃぶしゃぶ

POINT

わかめの食感が楽しい鍋。
みそのまろやかさの中に
豆板醤の刺激が感じられ、
飽きずに食べられます。

白菜	150g
わかめ（生）	50g
Ⓐ 水	2カップ
Ⓐ みそ	大さじ1と½
Ⓐ ごま油	小さじ1
Ⓐ 豆板醤	小さじ½
牛こま切れ肉	100g

1 白菜は削ぎ切りに。わかめは食べやすい大きさに切る。

2 鍋にⒶを入れて混ぜ合わせ、火にかける。煮立ったら1と牛肉を適量入れ、火を通しながらいただく。

- [x] 10分で完成
- [ ] ほったらかし
- [x] 包丁いらず
- [ ] 具材2つで
- [ ] がっつり
- [ ] 野菜たっぷり

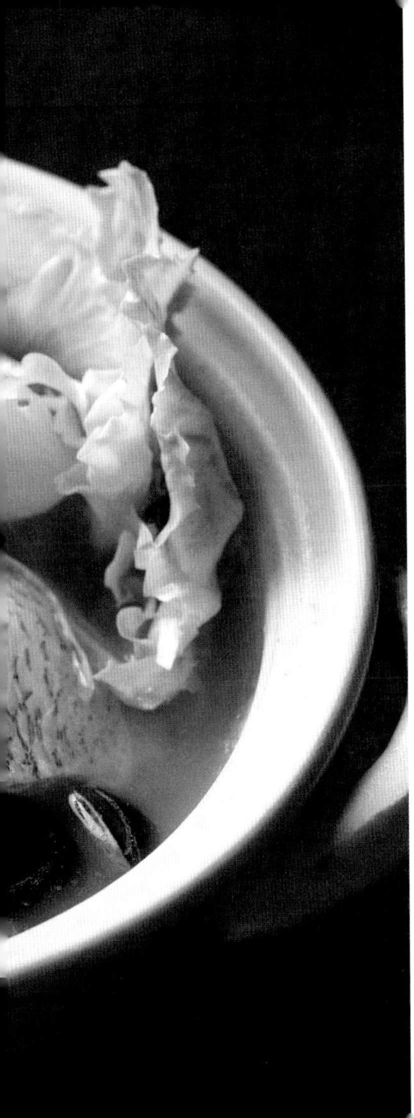

魚介の旨味を丸ごと味わう

しじみと鯛のさっぱり酒鍋

しじみ（砂抜き済み）――150g
Ⓐ 酒――½カップ
水――1と½カップ
塩――小さじ¼
鯛（切り身）――1切れ
レタス――2〜3枚

1 しじみは水洗いしてⒶとともに鍋に入れ、火にかける。
2 1が煮立ったら、キッチンばさみでひと口大に切った鯛を入れ2〜3分煮る。味をみて物足りなかったら塩（分量外）を加えて調整し、食べやすくちぎったレタスを入れる。

オススメの〆は雑炊。茶碗1杯分のご飯を水で洗ってぬめりを取り、残った汁に加えて軽く煮る。溶き卵を回しかけ、ふわりと固まったらできあがり。魚介の旨味を最後の1滴まで味わえる。

- ☑ 10分で完成
- ☐ ほったらかし
- ☐ 包丁いらず
- ☑ 具材2つで
- ☐ がっつり
- ☐ 野菜たっぷり

めんつゆでさっと!

変わりねぎま鍋

サラダ油	大さじ½
長ねぎ	1本
Ⓐ めんつゆ	大さじ2と½
Ⓐ 水	2カップ
まぐろ(刺身用さく)	120g

1 フライパンにサラダ油を熱し、斜め薄切りにした長ねぎを焼き目がつくまで2分ほど焼きつけ、取り出す。

2 鍋にⒶを入れて火にかける。煮立ったら、1.5㎝幅に切ったまぐろと1を加え、さっと煮ていただく。

本来のねぎま鍋は、ぶつ切りにした長ねぎを使いますが、今回は薄切りにした長ねぎを焼いて香ばしくしました。また、めんつゆを使うことで、簡単に味が決まります。

POINT

お好みで、
途中ですだちなどをしぼって
味変しても○

魚介

- [x] 10分で完成
- [ ] ほったらかし
- [ ] 包丁いらず
- [ ] 具材2つで
- [x] がっつり
- [x] 野菜たっぷり

缶詰を汁ごと使って!

野菜たっぷり さば缶キムチ鍋

Ⓐ	水	2カップ
	しょうゆ	小さじ1
さば水煮缶		1缶(約200g)
白菜キムチ		80g
豆もやし		100g
にら		2〜3本(20g)

1 鍋にⒶとさば水煮を汁ごと入れ、火にかける。
2 沸騰したらキムチと豆もやしを加え、2分ほど煮る。
3 味をみて分量外のしょうゆや水で調整し、3㎝の長さに切ったにらを入れてさっと煮る。

キムチは古漬けで、少し酸味があるものがオススメ。使うキムチによって塩分差があるので、分量外のしょうゆや水で味を調えて。

オススメの〆は炒め飯。残った汁1/3カップに茶碗1杯分のご飯を入れて混ぜ、水分を飛ばしながら炒める。ほとんど汁気がなくなったらごま油小さじ1を加えて混ぜ、仕上げにちぎった韓国のり(または焼きのり)を適量散らす。

- [x] 10分で完成
- [ ] ほったらかし
- [ ] 包丁いらず
- [ ] 具材2つで
- [ ] がっつり
- [x] 野菜たっぷり

レモンでさっぱり

ナンプラー風味のぶりしゃぶ

水菜	50g
にんじん	½本(75g)
エリンギ	大1本
Ⓐ 酒	⅓カップ
Ⓐ 水	2カップ
Ⓐ オリーブ油	大さじ½
Ⓐ ナンプラー	大さじ1と½
レモンの輪切り	2〜3枚
ぶり(しゃぶしゃぶ用の切り身)	120g

1 水菜は5〜6cmの長さに切り、にんじんは皮をむいてピーラーでリボン状にする。エリンギは半分の長さに切ってから、縦に5mmほどの厚さにスライスする。

2 鍋にⒶとレモンを入れて火にかける。煮立ったら1を適量加えて火を通し、ぶりをしゃぶしゃぶしながらいただく。

レモンを入れっぱなしにすると苦味が出るので、早めに取り出して。

POINT

ナンプラーの塩気とオリーブ油のコクが絶妙。レモンの酸味で脂ののったぶりもさっぱりといただけます。

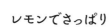

- [ ] 10分で完成
- [ ] ほったらかし
- [ ] 包丁いらず
- [ ] 具材2つで
- [x] がっつり
- [ ] 野菜たっぷり

こっくりとしたスープがクセになる！

たらと長ねぎのピルピル風鍋

たら（切り身）	1切れ
Ⓐ 白ワイン	大さじ2
塩	小さじ¼
粗びき黒こしょう	少々
長ねぎ	½本
にんにく	1～2片
オリーブ油	½カップ
パセリ（粗みじん切りにしたもの）	大さじ2

1. たらはひと口大に切り、Ⓐを絡めて10分ほど置いておく。
2. 長ねぎは3㎝の長さに切り、にんにくは半分に切って包丁の腹で押し潰す。
3. 鍋に[1]と[2]、オリーブ油を入れて火にかける。煮立ったら上下を返しながら火が通るまで5～6分煮る。仕上げにパセリをふる。

POINT

スペイン・バスク地方の郷土料理「ピルピル」を鍋にアレンジしました。たっぷりのせたパセリの清涼感がアクセントに！

- ☐ 10分で完成
- ☑ ほったらかし
- ☐ 包丁いらず
- ☐ 具材2つで
- ☑ がっつり
- ☐ 野菜たっぷり

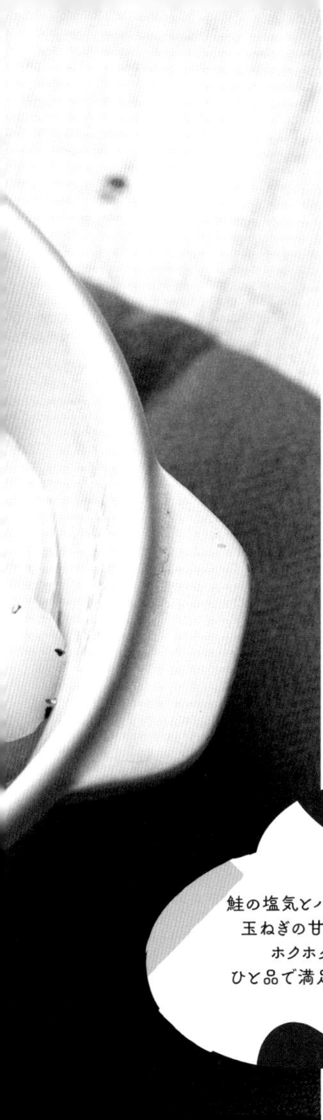

バターが素材の味を引き立てる！

鮭とじゃがいもの蒸し鍋

甘塩鮭（切り身）	1切れ
じゃがいも	1個（150g）
玉ねぎ	½個
Ⓐ 白ワイン、水	各大さじ3
Ⓐ 塩	小さじ¼
バター	15g
粗びき黒こしょう	少々

1 鮭はひと口大に切る。じゃがいもは皮をむいて4枚ぐらいにスライスし、玉ねぎは繊維を断つように7〜8㎜の厚さに切る。

2 鍋に玉ねぎを敷き入れ、じゃがいもと鮭をのせ、混ぜ合わせたⒶを回しかける。火にかけて煮立ったらふたをし、中弱火で6〜8分ほどじゃがいもがやわらかくなるまで煮る。

3 ふたを取り、バターをのせて粗びき黒こしょうをふる。

POINT

鮭の塩気とバターがベストマッチ。
玉ねぎの甘みやじゃがいもの
ホクホク感も楽しい、
ひと品で満足感のある鍋です。

□ 包丁いらず

□ 具材2つで

✔ がっつり

□ 野菜たっぷり

オイルに旨味が凝縮!

えびときのこの アヒージョ鍋

えび	100g
まいたけ	1パック(80g)
エリンギ	1本
Ⓐ 白ワイン	大さじ2
おろしにんにく	小さじ½
塩	小さじ¼
こしょう	少々
オリーブ油	½カップ
赤とうがらし(乾燥/輪切り)	少々

1 えびは尾を1節残して殻をむき、背に包丁目を入れ、背ワタを取り除く。まいたけは食べやすい大きさに裂き、エリンギは1.5cmの長さに切って大きければ縦に半分に切る。
2 ボウルに①を入れ、Ⓐを絡めて10分ほど置く。
3 鍋にオリーブ油と②、赤とうがらしを入れ、火にかける。時々混ぜながら、えびに火が通るまで3〜4分程度煮る。

POINT

具材の旨味が溶け出したオイルは、バゲットなどのパンと相性抜群です!

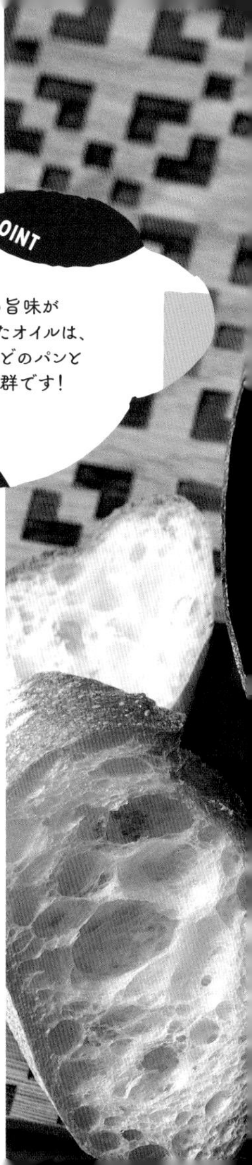

- [x] 10分で完成
- [ ] ほったらかし
- [ ] 包丁いらず
- [ ] 具材2つで
- [x] がっつり
- [ ] 野菜たっぷり

おつまみにぴったり!

オイルサーディンのオイル鍋

長いも	150g
オリーブ油	½カップ
オイルサーディン缶	1缶(75g)
細ねぎ	20g
Ⓐ しょうゆ	大さじ½
Ⓐ 塩、こしょう	各少々

1 長いもは皮をむいて、ひと口大に切る。
2 鍋にオリーブ油と[1]を入れて火にかけ、煮立ったら弱火にして上下を返しながら3～4分煮る。
3 [2]にオイルサーディンを油ごと入れ、ふつふつとしてきたら小口切りにした細ねぎとⒶを加える。再び煮立ったら火を止める。

POINT

しょうゆの香ばしさと
オイルサーディンの塩気で
お酒が進む、おつまみ小鍋。
長いもの食感も楽しい!
バゲットとの相性も◎

- [ ] 10分で完成
- [ ] ほったらかし
- [ ] 包丁いらず
- [ ] 具材2つで
- [x] がっつり
- [ ] 野菜たっぷり

白みそでまろやか

牡蠣とカリフラワーのクリーム鍋

玉ねぎ	1/2個
カリフラワー	100g
牡蠣（加熱用）	6〜8個（150g）
小麦粉	大さじ1
サラダ油	大さじ1
白ワイン	1/4カップ
Ⓐ 水	3/4カップ
Ⓐ 白みそ	大さじ1
Ⓐ 塩	少々
生クリーム	1/3カップ

1. 玉ねぎは5㎜幅に切る。カリフラワーは小房に分け、大きいものは食べやすい大きさに切る。
2. 牡蠣は塩小さじ1（分量外）をふりかけ軽くもみ洗いする。水を入れ替えながら、よく洗う。水がきれいになったら水気をおさえ、焼く直前に小麦粉をまぶす。
3. 鍋にサラダ油を熱して[2]を入れ、片面1分ぐらいずつ焼いたら取り出す。
4. [3]の油で[1]を1分ほど炒めたら白ワインを加えて煮立てる。少し煮詰まったらⒶを入れ、カリフラワーがやわらかくなるまで中弱火で2〜3分煮る。
5. 生クリームと[3]を加え、さらに1分ほど煮て火を止める。

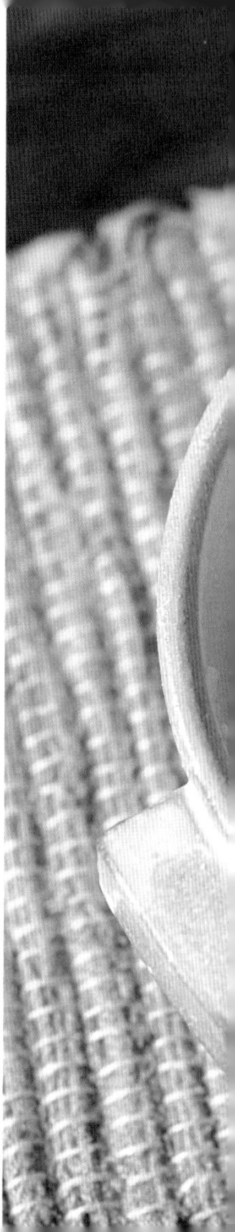

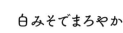

あつあつ鍋に
ぴったり！

箸休め小鉢

ここでは、鍋の合間につまみたい
小鉢を7品紹介します。
あつあつの鍋の箸休めとして、
ぜひつくってみてください。

濃厚鍋の口直しに

キャベツとにんじんの浅漬け

キャベツ		150g
にんじん		20g
青じそ		3〜4枚
Ⓐ	酢	小さじ1
	昆布茶	小さじ1/3
	塩	小さじ1/4

1 キャベツはひと口大に、にんじんは半月の形に薄切りにする。青じそはちぎる。

2 1とⒶをポリ袋に入れて、口を閉じて振る。空気を抜いて口を縛り、15〜30分程度置く。

\ あっさり鍋と合わせたい /

大根とツナののりマヨあえ

- 大根 ―― 150g
- ツナ缶(小) ―― 1缶(70g)
- Ⓐ マヨネーズ ―― 大さじ1
- Ⓐ 青のり ―― 小さじ$\frac{1}{3}$
- Ⓐ 塩 ―― 少々

1. 大根は短冊切りにする。
2. [1]と油をきったツナ、Ⓐをボウルに入れ、あえる。

\ 辛い鍋にもぴったり! /

水菜とたくあんのぽりぽりサラダ

- 水菜 ―― 80g
- たくあん ―― 20g
- Ⓐ 白すりごま ―― 大さじ1
- Ⓐ しょうゆ、酢 ―― 各小さじ1
- Ⓐ 砂糖 ―― 少々

1. 水菜は4cmの長さに、たくあんはせん切りにする。
2. [1]を器に盛り、混ぜ合わせたⒶをかける。

和風鍋との相性抜群！

しめじの七味おろしあえ

しめじ	100g
Ⓐ 酒、水	各大さじ2
Ⓐ 塩	小さじ¼
大根	200g
Ⓑ すだちかかぼすのしぼり汁	小さじ1
Ⓑ 七味とうがらし	少々

1 しめじは小房に分け、Ⓐとともに小鍋に入れ、ふたをして弱火で2分煮る。ふたを外して中弱火にし、汁がほとんどなくなるまで2〜3分混ぜながらさらに煮る。

2 ①が冷めたら器に盛り、皮をむいてすりおろし水気をきった大根、Ⓑとあえる。

あつあつ鍋に
ぴったり！
箸休め小鉢
ほっ…

トマトの梅みそあえ

あつあつの口が
喜ぶ！

トマト	大1個
梅干し	1個
みそ	小さじ1

1 トマトは乱切りにする。梅干しは種を除いて包丁でたたき、みそと混ぜて梅みそにする。

2 トマトと梅みそをあえる。

＼もっと野菜を食べたいときに！／

ベーコンと白菜のコールスロー

白菜 —— 150g
ベーコン —— 2枚
Ⓐ 酢、サラダ油、マヨネーズ —— 各小さじ1
　塩、黒こしょう —— 各少々
コーン缶 —— 40g

1 白菜は繊維を断つようにせん切りにする。
2 ベーコンは5㎜幅に切り、フライパンで油が出てくるまで炒める。
3 ボウルに①、Ⓐ、水気をきったコーンを入れ、②を油ごと加えて混ぜる。仕上げに、お好みで粗びき黒こしょうを適量ふる。

にんじんとレーズンのサラダ

にんじん —— 1本（150g）
Ⓐ 粒マスタード —— 小さじ1
　酢、オリーブ油 —— 各小さじ1
　塩 —— ひとつまみ
レーズン —— 20g

1 にんじんは皮をむき、ピーラーでリボン状にする。
2 ボウルにⒶとレーズンを入れて混ぜ、①を加えてあえる。

＼洋風鍋に合わせたい／

あつあつをご飯とかきこんで!

旨辛麻婆豆腐鍋

	絹豆腐	2/3丁(200g)
	ごま油	大さじ1/2
	豚ひき肉	100g
Ⓐ	おろしにんにく	小さじ1/2
	おろししょうが、豆板醤	各小さじ1
Ⓑ	しょうゆ	大さじ1
	水	1カップ
Ⓒ	水	大さじ1
	片栗粉	小さじ2
	豆苗	50g

1 豆腐はキッチンペーパーなどに包んで上にバットなどで重しをし、15分ほど水切りをしたら2cm角に切る。

2 鍋にごま油を熱し、豚ひき肉をほぐしながら少し焼き色がつくまで2〜3分炒める。Ⓐを加えてさらに軽く炒める。

3 2にⒷと1を入れ、弱火で2分ほど煮る。

4 混ぜ合わせたⒸを回しかけ、とろみがつくまでかき混ぜながら煮る。最後に3〜4cmの長さに切った豆苗を加え、さっと煮る。

POINT

辛さが心地よい一品。
Ⓐと一緒に花椒を加えると、
より本格的な
味わいになります。

- [x] 10分で完成
- [ ] ほったらかし
- [ ] 包丁いらず
- [ ] 具材2つで
- [ ] がっつり
- [ ] 野菜たっぷり

POINT

栄養豊富な油揚げ。
さっとつくれて
食べごたえもあるので、
くたくたな日に
うれしい一品です。

手軽に栄養摂取！

わけぎと油揚げの卵とじ鍋

油揚げ	1枚
わけぎ	2本
Ⓐ 白だし	大さじ2と½
水	2カップ
卵	1個

1 油揚げはキッチンペーパーなどで余分な油をおさえ、食べやすい大きさの三角に切る。

2 わけぎは1㎝の厚さの斜め切りにする。

3 鍋にⒶを入れて火にかけ、煮立ったら1を加えて弱火で1〜2分煮る。

4 2を加えて、溶いた卵を回しかける。

☐ 包丁いらず

☐ 具材2つで

☐ がっつり

☐ 野菜たっぷり

薬味で味変!

豆乳湯豆腐

絹豆腐 ———————————— 1丁(300g)
豆乳(成分無調整) ——————— 1と½カップ
お好みの薬味やたれ —————— 各適量

1 豆腐は食べやすい大きさに切る。
2 鍋に豆乳、1を入れ、ぐらぐら煮立てないように弱火で煮る。
3 器にとり、お好みの薬味やたれでいただく。

小口切りにした細ねぎやゆずこしょう、塩、ポン酢など、お好みの薬味やたれを用意して、いろいろな組み合わせを楽しむ。

POINT

大豆のやさしい味を
汁ごと楽しみたい一品。
豆腐は消化もよく、
夜食や風邪を引いて
食欲がないときにも
ぴったりです。

豆腐

- [x] 10分で完成
- [ ] ほったらかし
- [ ] 包丁いらず
- [ ] 具材2つで
- [x] がっつり
- [ ] 野菜たっぷり

POINT

肉や魚がなくても、
満足感が得られる一品。
大根おろしは
消化を助けるため、
夜食にもぴったりです。

食べごたえあり！

厚揚げと水菜のみぞれ鍋

厚揚げ	1枚(250g)
水菜	80g
大根	200g
Ⓐ めんつゆ	大さじ3
Ⓐ 水	2カップ
ゆずの皮	適量

1 厚揚げはキッチンペーパーなどで余分な油をおさえ、食べやすい大きさにちぎる。水菜は4～5㎝の長さに切る。

2 大根は皮をむき、すりおろしてザルにあげる。

3 鍋にⒶを入れて煮立て、厚揚げを加えて弱火で2分ほど煮る。

4 水菜を入れ、②をのせ、細切りにしたゆずの皮を散らす。

厚揚げはちぎることで、味がしみ込みやすくなる。

- [x] 10分で完成
- [ ] ほったらかし
- [ ] 包丁いらず
- [ ] 具材2つで
- [x] がっつり
- [ ] 野菜たっぷり

卵で辛味がマイルドに

辛旨 スンドゥブ鍋

サラダ油	大さじ1
長ねぎ	½本
コチュジャン	大さじ1と½
Ⓐ 水	1カップ
Ⓐ ナンプラー、おろしにんにく	各小さじ1
あさり(砂抜き済み)	150g
絹豆腐	1丁(300g)
卵	1個

1 鍋にサラダ油を熱して1㎝幅の小口切りにした長ねぎを入れ、香りが出るまで1〜2分炒める。コチュジャンを加えて軽く炒めたら、Ⓐを入れて混ぜる。

2 1に水洗いしたあさりを加え、煮立ったら豆腐を崩しながら入れる。

3 再び煮立ったら弱火にして2分ほど煮て、中央に卵を割り入れる。

豆腐は包丁を使わず、手やスプーンで崩しながら鍋に入れることで、味がしみ込みやすくなる。

- [ ] 10分で完成
- [ ] ほったらかし
- [ ] 包丁いらず
- [ ] 具材2つで
- [x] がっつり
- [ ] 野菜たっぷり

やさしい酸味

牛乳トムヤムクン鍋

- えび（小）――100g
- 厚揚げ――小1枚（150g）
- ヤングコーン（水煮）――50g
- 水――1カップ
- 牛乳――¾カップ
- トムヤムペースト――大さじ1程度
- ナンプラー――小さじ1程度
- 香菜――2～3本

1 えびは尾を1節残して殻をむき、背に包丁目を入れて背ワタを取り除く。

2 厚揚げは食べやすい大きさに、ヤングコーンは斜めに半分に切る。

3 鍋に水を入れて火にかけ、煮立ったら1を入れて1分ほど煮る。

4 えびの色が少し変わってきたら2と牛乳を加え、味をみながらトムヤムペーストを少しずつ入れ、ナンプラーで味を調える。

5 ぐらぐら煮立たせないように弱火で1～2分煮て、ざく切りにした香菜をのせる。

トムヤムペーストはメーカーによって味が異なるため、まずは小さじ1程度加えて、味をみながら調整していくとよい。

POINT

お好みで、
レモンやライムを
しぼってもおいしいです。

その他

- [ ] 10分で完成
- [x] ほったらかし
- [ ] 包丁いらず
- [ ] 具材2つで
- [x] がっつり
- [ ] 野菜たっぷり

練りもののコクがスープに！

トマト入りおでん

練りもの（好みのものを2種類）	各2個
大根	150g
結びしらたき	4個
Ⓐ めんつゆ	大さじ3
Ⓐ 水	2カップ
トマト	1個

1 練りものはキッチンペーパーなどで油をおさえる。

2 大根は1㎝の厚さの半月切りにして5分ほど下ゆでする。しらたきも1分程度下ゆでしてザルにあげる。

3 鍋にⒶを入れて火にかけ、煮立ったら[1]、[2]を加えて弱火で15～20分煮る。

4 ヘタをくり抜いて湯むきしたトマトを加え、1～2分煮たら火を止める。

大根の下ゆでは水から。しらたきは、沸騰してから鍋に入れるとよい。

POINT

つくってから半日ぐらい置いておき、食べる前にあたため直すと具に味がしみてもっとおいしくなります。

- ☐ 10分で完成
- ☐ ほったらかし
- ☐ 包丁いらず
- ☐ 具材2つで
- ☑ がっつり
- ☐ 野菜たっぷり

冷凍餃子でお手軽に

カレーみそ鍋

キャベツ	150g
Ⓐ 水	2カップ
みそ、みりん	各大さじ1
カレー粉	小さじ1
冷凍餃子	5～6個
もやし	100g

1 キャベツはざく切りにする。

2 鍋にⒶを入れて混ぜ合わせ、火にかける。煮立ったら餃子を凍ったまま加え、再び煮立ったら弱火にして5～6分煮る。

3 1ともやしを加え、さらに2分ほど煮る。

POINT

みそでまろやかになった
カレー風味のつゆをひと口飲めば、
身体の中からポカポカに。
寒い日にぜひつくってほしい
一品です。

もともと食べごたえのある鍋ですが、〆まで楽しみたい場合は中華麺がオススメです。袋の表示通りにゆでた麺を残った汁に入れ、軽くあたためていただくとおいしいです。お好みで、七味とうがらしをかけても◯

その他

- [ ] 10分で完成
- [ ] ほったらかし
- [ ] 包丁いらず
- [ ] 具材2つで
- [x] がっつり
- [ ] 野菜たっぷり

にんにくの風味が広がる！

豆乳 カルボナーラ鍋

ブロッコリー	80g
さつまいも	150g
水	1カップ
Ⓐ 豆乳（成分無調整）	1カップ
Ⓐ バター	15g
Ⓐ おろしにんにく、塩、コンソメ	各小さじ1/3
Ⓐ こしょう	少々
ソーセージ	4本
粉チーズ	大さじ1/2

1. ブロッコリーは小房に分け、大きいものは半分に切り、さっと下ゆでする。
2. さつまいもは1cm幅の輪切りにする。
3. 鍋に水と2を入れて火にかけ、煮立ったら弱火にして3分ほど煮る。
4. Ⓐを加え、再び煮立ったらソーセージを入れて1分、1を加えてさらに1分煮て、最後に粉チーズをふる。

POINT

にんにくの風味が意外と強いので、小さいお子さんが食べるときは、にんにくを使わずにつくるといいでしょう。

- [x] 10分で完成
- [ ] ほったらかし
- [ ] 包丁いらず
- [x] 具材2つで
- [ ] がっつり
- [ ] 野菜たっぷり

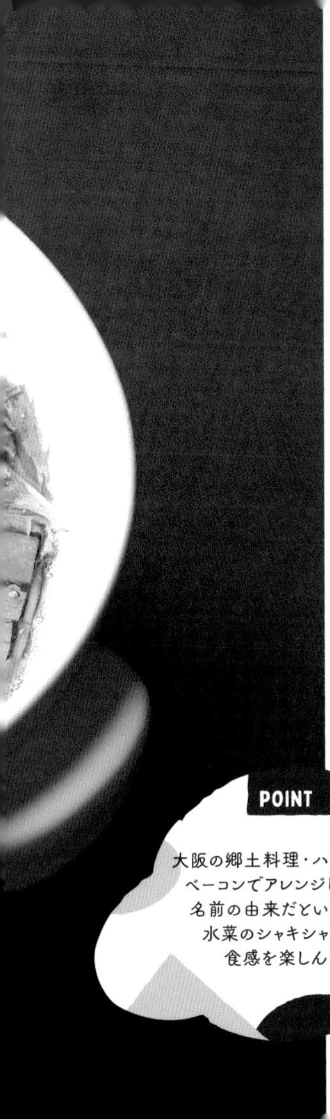

シャキシャキ水菜をたっぷりと

ベーコンのハリハリ鍋

水菜	100g
ベーコン	3枚
Ⓐ めんつゆ	大さじ2と½
水	2カップ
粗びき黒こしょう	少々

1. 水菜は4～5㎝の長さに、ベーコンは2㎝幅に切る。
2. 鍋にⒶを入れて煮立て、1を加えて1分ほど煮る。仕上げに粗びき黒こしょうをふる。

オススメの〆は雑炊。茶碗1杯分のご飯を水で洗ってぬめりを取り、残った汁に加えて軽く煮る。仕上げに溶き卵を回しかける。

POINT

大阪の郷土料理・ハリハリ鍋をベーコンでアレンジしました。名前の由来だといわれる、水菜のシャキシャキした食感を楽しんで！

ゆっくりつくって、
ゆったり楽しむ

休日ごちそう鍋

いつもより時間に余裕がある
休日につくりたい
ちょっと豪華な鍋料理を
7品紹介します。

かたまり肉をじっくりと

プチトマトの塩豚鍋

2人分

豚肩ロースかたまり肉		400〜450g
塩		小さじ1
玉ねぎ		1個
Ⓐ	酒	½カップ
	水	3と½カップ
	塩	小さじ⅓
	ローリエ	1枚
	こしょう	少々
プチトマト		12個

1 豚肉に塩をまんべんなくすり込み、ラップなどに包んで1〜3日冷蔵庫に入れておく。

2 玉ねぎは1㎝幅の輪切りにする。

3 鍋にⒶを入れて火にかけ、煮立ったら2を加える。再び煮立ったら、さっと水で洗って1.5㎝幅に切った1を入れ、アクを取りながら弱火で30〜40分煮る。

4 ヘタを取ったプチトマトを入れ、1〜2分煮る。

熱でとろりと溶けたチーズを崩しながらいただく。

カマンベールをどーん!

スペアリブのチーズトマト鍋

2人分

豚スペアリブ	8本(500g)
玉ねぎ	1個
ブロッコリー	100g
オリーブ油	大さじ½
Ⓐ 水	4カップ
Ⓐ 塩	小さじ1/2
Ⓐ こしょう	少々
カットトマト缶	1缶(400g)
白いんげん豆(水煮)	200g
カマンベールチーズ	1個(100g)

1 スペアリブはキッチンペーパーなどで水気をおさえておく。玉ねぎは2㎝角に切る。ブロッコリーはさっとゆでておく。

2 鍋にオリーブ油を熱してスペアリブを並べ、全体に焼き色がつくまで向きを変えながら2〜3分焼く。分量外の水を肉がつかるぐらい加え、沸騰したらお湯を捨てる。

3 ②に玉ねぎ、Ⓐ、カットトマトを入れ、アクを取りながら弱火で30〜40分煮る。

4 水気をきった白いんげん豆とブロッコリーを加えて軽く煮たら、中央にカマンベールチーズを入れる。

ごぼうの旨味が溶け出す

鶏団子とせりのとろろ鍋

2人分

鶏ひき肉	400g
Ⓐ 酒	大さじ1
Ⓐ 片栗粉	大さじ½
Ⓐ しょうゆ、おろししょうが	各小さじ1
Ⓐ 塩	小さじ¼
Ⓐ こしょう	少々
まいたけ	1パック(80g)
しいたけ	3枚
ごぼう	100g
長ねぎ	1本
Ⓑ だし汁	3カップ
Ⓑ しょうゆ、みりん	各大さじ2
Ⓑ 塩	小さじ¼
せり	1束
山いも	300g

1 鶏ひき肉とⒶをボウルに入れ、練り混ぜる。

2 まいたけは食べやすい大きさに裂き、しいたけは石づきを除いて4等分に切る。ごぼうはささがきにして、長ねぎは1cm幅の斜め切りにする。

3 鍋にⒷを入れて火にかけ、煮立ったら団子状にした[1]を加え、弱火で2分ほど煮る。

4 [2]を入れてさらに2〜3分ほど煮たら、3〜4cmの長さに切ったせりを加える。仕上げに、皮をむいてすりおろした山いもを入れ1〜2分煮る。

POINT

しょうがの効いた鶏団子がふわふわ。とろろのとろみで身体の芯からあたたまります。

味の変化を楽しむ韓国鶏鍋

タッカンマリ風

2人分

鶏水炊き用

ぶつ切り肉(骨つき) ―― 600g

Ⓐ 酒 ―― 1カップ
水 ―― 4カップ
塩 ―― 小さじ1/3

にんにく ―― 3〜4片

じゃがいも ―― 2個(300g)

トッポキ ―― 100g

1 下ゆで用の鍋に湯を沸かし、鶏肉を1分ほどゆで、ザルにあげて水洗いして水気をきる。

2 鍋にⒶと①、半分に切ったにんにくを入れて煮立て、アクを取りながら中弱火で20分ほど煮る。

3 皮をむいて3〜4枚にスライスしたじゃがいもを入れて5分、トッポキを加えてさらに5分ほど煮る。

タッカンマリの楽しみ方

しょうゆ、酢、韓国とうがらし(粉)、練りがらしを用意して、自分好みにブレンドし、たれをつくりましょう。

まずは、具材をたれにつけていただきます。

途中で白菜キムチ80gを加えて味変! 〆のうどん(1玉)まで鍋を楽しみ尽くしたら、ごちそうさまでした!

ピザ用チーズで気軽に！

チーズフォンデュ鍋

2人分

ブロッコリー	100g
にんじん	½本（75g）
ソーセージ	6本
バゲット	½本
じゃがいも	2個（300g）
にんにく	½片
白ワイン	⅓カップ
ピザ用チーズ	300g
Ⓐ 水	大さじ2
Ⓐ 片栗粉	大さじ½

1 小房に分けたブロッコリー、ひと口大に切ったにんじん、ソーセージはゆでておく。バゲットは食べやすい大きさに切る。

2 じゃがいもは洗ってラップで包み、レンジで3分、上下を返してさらに1～2分程度やわらかくなるまで加熱する。粗熱がとれたら4等分に切る。

3 鍋ににんにくの切り口をこすりつけて香りを移し、白ワインを入れて火にかける。煮立ったら、チーズを少しずつ加えて木べらで混ぜながら溶かし、Ⓐを入れてさらに混ぜる。

4 1、2の具材を3に絡めながらいただく。

POINT

白ワインを火にかける際は、アルコールに火がつくこともあるので、注意しましょう。

mono

餃子がおいしい韓国の鍋

マンドゥ ジョンゴル

2人分

長ねぎ	½本
赤パプリカ	½個
白菜	200g
チンゲン菜	1株
えのきたけ	100g
玉ねぎ	¼個
Ⓐ だし汁	2と½カップ
Ⓐ ナンプラー	大さじ1と½
Ⓐ おろしにんにく	小さじ½
Ⓐ こしょう	少々
冷凍餃子	8〜10個

1 長ねぎ、パプリカ、白菜の芯は長さ5〜6㎝の太めの棒状に、チンゲン菜は葉と茎に分け、葉は大きければ半分に、茎は放射状に切る。白菜の葉も食べやすい大きさに切る。

2 えのきたけは根元を切り落としてほぐし、玉ねぎは薄切りにする。

3 鍋にⒶを合わせ入れ、[1]と[2]、凍ったままの餃子を彩りよく盛りつける。火が通るまで煮ていただく。

POINT

今回は
韓国餃子を使いました。
だし汁は、煮干しだしか
鶏がらスープが
オススメです。

POINT

牛すじ肉を下ゆでする際は
圧力鍋を使うと時短になります。
残ったゆで汁は、
スープなどにすると
おいしいです。

牛すじがとろける

大根と牛すじのことこと鍋

2人分

牛すじ肉	400g
酒	⅓カップ
大根	300g
こんにゃく	200g
Ⓐ しょうゆ、みりん	各大さじ2
Ⓐ 塩	ひとつまみ
しょうが	1片
わけぎ	1〜2本

1 牛すじ肉は水に30分ほどつけてから熱湯で2〜3分ゆで、水洗いして水気をきる。大きいものは6〜8㎝の長さに切って再び下ゆで用の鍋に入れ、かぶるぐらいの水（分量外）と酒を加えて火にかけ、1時間ほどゆでる。

2 ①の粗熱がとれたら食べやすい大きさに切る。ゆで汁は2と½カップとっておく。

3 大根は皮をむき、厚さ1㎝のいちょう切りにして、水から10分ゆでてザルにあげる。こんにゃくはひと口大に切り、下ゆでする。

4 鍋に②とゆで汁、Ⓐ、③、薄切りにしたしょうがを入れて火にかける。煮立ったらアクを取りながら弱火で30分煮る。仕上げに、小口切りにしたわけぎをのせる。

重信初江（しげのぶ・はつえ）

服部栄養専門学校調理師科を卒業後、織田調理師専門学校で助手として勤務。その後、料理研究家のアシスタントを経て独立。定番のおかずから旅先で出会った世界各地の料理まで、簡単なのに本格的なレシピの数々が多くの支持を得ている。雑誌やテレビ、イベントなどで幅広く活躍中。『さっと!つるっと!夏麺』『冬つまみ 寒い季節をおいしく過ごす酒の肴一二〇』（以上、池田書店）、『これがほんとの作りおきのきほん』（成美堂出版）、『食べたい作りたい現地味 もっと!おうち韓食』（主婦の友社）ほか、著書多数。

Instagram　@shige82a

撮影	加瀬健太郎
スタイリング	久保百合子
デザイン	吉池康二（アトズ）
編集	伊藤彩野、谷口知歌子（MOSH books）
校正	ぷれす

ほっこり小鍋

著　者　重信初江
発行者　池田士文
印刷所　日経印刷株式会社
製本所　日経印刷株式会社
発行所　株式会社池田書店
〒162-0851
東京都新宿区弁天町43番地
電話 03-3267-6821（代）
FAX 03-3235-6672

落丁・乱丁はお取り替えいたします。

ISBN 978-4-262-13089-7

[本書内容に関するお問い合わせ]
書名、該当ページを明記の上、郵送、FAX、または当社ホームページお問い合わせフォームからお送りください。なお回答にはお時間がかかる場合がございます。電話によるお問い合わせはお受けしておりません。また本書内容以外のご質問などにもお答えできませんので、あらかじめご了承ください。本書のご感想についても、当社HPフォームよりお寄せください。
[お問い合わせ・ご感想フォーム]
当社ホームページから
https://www.ikedashoten.co.jp/

23000010